Los héroes de la COVID-19

Grace Hansen

Abdo Kids Jumbo es una subdivisión de Abdo Kids
abdobooks.com

EL CORONAVIRUS

Abdo Kids

abdobooks.com

Published by Abdo Kids, a division of ABDO, P.O. Box 398166, Minneapolis, Minnesota 55439.
Copyright © 2021 by Abdo Consulting Group, Inc. International copyrights reserved in all countries.
No part of this book may be reproduced in any form without written permission from the publisher.
Abdo Kids Jumbo™ is a trademark and logo of Abdo Kids.

Printed in the United States of America, North Mankato, Minnesota.

102020

012021

THIS BOOK CONTAINS
RECYCLED MATERIALS

Spanish Translator: Maria Puchol

Photo Credits: AP Images, Getty Images, iStock, Shutterstock, ©Shutterstock PREMIER p.Cover

Production Contributors: Teddy Borth, Jennie Forsberg, Grace Hansen
Design Contributors: Dorothy Toth, Pakou Moua

Library of Congress Control Number: 2020948170

Publisher's Cataloging-in-Publication Data

Names: Hansen, Grace, author.

Title: Los héroes de la COVID-19/ by Grace Hansen

Other title: Heroes of COVID-19. Spanish

Description: Minneapolis, Minnesota: Abdo Kids, 2021. | Series: El Coronavirus | Includes online
    resources and index

Identifiers: ISBN 9781098208691 (lib.bdg.) | ISBN 9781098208837 (ebook)

Subjects: LCSH: Medical personnel--Juvenile literature. | Food service employees--Juvenile literature. |
    School employees--Juvenile literature. | Volunteers--Juvenile literature. | Heroes--Juvenile literature. |
    Epidemics--Juvenile literature. | Spanish language materials--Juvenile literature.

Classification: DDC 610.69--dc23

Contenido

La COVID-19

COVID-19 es la abreviatura para la enfermedad del coronavirus de 2019. Esta enfermedad se transmite muy fácilmente de una persona a otra. Para frenar el contagio la gente tiene que mantenerse a cierta distancia unos de otros.

4

A pesar de que muchos negocios cerraron, mucha gente continuó yendo a sus trabajos. Sin los trabajadores de las actividades **esenciales**, la situación hubiera sido mucho peor.

THANK YOU ALL
ESSENTIAL
#WORKERS!
MARRIOTT MARQUIS
SEPHORA
We Belong to Something Beautiful
Levi's
BUT FOR NOW,
STAY HOME AND
DAYDREAM WI
5G
INVICTA
SHOP ONLINE AT
INVICTASTORES.COM
SEPHORA

Trabajadores de actividades esenciales

Los trabajadores sanitarios arriesgaron su propia salud para salvar la de otros. Los enfermos llegaban a los hospitales gracias a los **paramédicos**. Los médicos y enfermeros cuidaron de los enfermos.

8

Las granjas y los granjeros siguieron cultivando y recogiendo alimentos. Los trabajadores en las tiendas de comida siguieron llenando los estantes.

Los trabajadores del transporte público siguieron llevando a la gente a sus destinos. Los camioneros llevaron alimentos a las tiendas. Los repartidores siguieron dejando paquetes en las casas.

Los trabajadores de las **fábricas** ayudaron a hacer más productos de papel. Crearon artículos de limpieza y otros productos necesarios. Los de los almacenes empaquetaron y enviaron todo tipo de artículos.

Las escuelas y los maestros fueron creativos y buscaron nuevas formas para que los estudiantes aprendieran desde casa.

All that day, and for many more thereafter, people came to the little display to "Meet the Author." Soon there was a whole shelf full of books written and illustrated by people who had never written a book before, telling stories that had never been told.

Los gobernadores y alcaldes ayudaron a sus estados y ciudades. Informaron a la población sobre la COVID-19. Guiaron a sus ciudadanos para frenar el contagio.

19

Muchos **voluntarios** repartieron comida a aquellos que lo necesitaban. La situación no fue fácil durante este tiempo. ¡Pero mucha gente salió a ayudar!

Más información sobre la COVID-19

- COVID-19 es la abreviatura en inglés para la enfermedad coronavirus 2019.

- La COVID-19 es una enfermedad causada por una cepa del virus SARS-CoV-2. Los humanos no tienen inmunidad contra este virus.

- SARS-CoV-2 es la abreviatura en inglés para coronavirus del síndrome respiratorio agudo grave de tipo 2.

- Los síntomas más comunes de la COVID-19 son la tos, la fiebre y la dificultad para respirar.

22

Glosario

coronavirus – virus causante de enfermedades. La mayoría de los coronavirus causan enfermedades en los humanos, por ejemplo los resfriados comunes. Otros provocan enfermedades más serias.

esencial – muy importante y necesario.

fábrica – compañía que produce objetos en grandes cantidades.

inmunidad – habilidad del cuerpo humano para combatir virus con la acción de los anticuerpos.

paramédico – persona formada para trabajar como auxiliar médico, además de ser técnico en emergencias sanitarias.

voluntario – persona que ofrece su trabajo o ayuda sin recibir dinero a cambio.

Índice

Abdo Kids
ONLINE
FREE! ONLINE MULTIMEDIA RESOURCES

¡Visita nuestra página
abdokids.com para tener
acceso a juegos, manualidades,
videos y mucho más!

Los recursos de internet están en inglés.

Usa este
código Abdo Kids
THK5515
¡o escanea este
código QR!